2ME VENTE

SUCCESSION

DE

MADAME D'YVON

DIAMANTS

BIJOUX ANCIENS ET MODERNES

Argenterie, Vaisselle Plate

DENTELLES — OBJETS D'ART

TAPISSERIES

SOIERIES — BRODERIES — TAPIS

TABLEAUX — MEUBLES

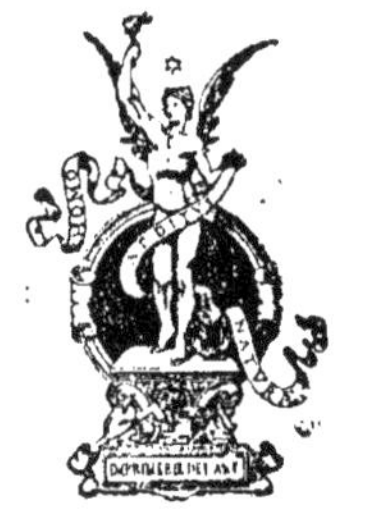

CATALOGUE

DES

DIAMANTS

IMPORTANTE RIVIÈRE EN BRILLANTS

COLLIERS DE PERLES ET DE RUBIS

BIJOUX ANCIENS ET MODERNES

ARGENTERIE — VAISSELLE PLATE

DENTELLES ANCIENNES

OBJETS D'ART ET D'AMEUBLEMENT

TAPISSERIES DE BEAUVAIS ET D'AUBUSSON

NON MONTÉES

POUR

Meubles de Salons, Écrans, Sièges

DES

ÉPOQUES LOUIS XIV, LOUIS XV ET LOUIS XVI

Tentures, Soieries, Broderies, Tapis

Dépendant de la Succession de Madame d'Yvon

ET DONT LA VENTE AURA LIEU

HOTEL DROUOT, SALLE N° 1

Les Mardi 14, Mercredi 15, Jeudi 16 et Vendredi 17 Juin 1892

à deux heures

COMMISSAIRES-PRISEURS

Mᵉ PAUL AULARD
6, rue Saint-Marc, 6

Mᵉ PAUL CHEVALLIER
10, rue Grange-Batelière, 10

EXPERTS

M. CHARLES MANNHEIM
7, rue Saint-Georges, 7

M. ARTHUR BLOCHE
25, rue de Châteaudun, 25,

Chez lesquels se distribue le présent catalogue

EXPOSITION PUBLIQUE

Le Lundi 13 Juin 1892, de deux heures à six heures

CONDITIONS DE LA VENTE

Elle sera faite au comptant.

Les acquéreurs payeront en sus des enchères *cinq pour cent*, applicables aux frais de la vente.

L'exposition mettant le public à même de se rendre compte de l'état des objets, il ne sera admis aucune réclamation une fois l'adjudication prononcée.

Paris. — Imp. de l'Art, E. Ménard et Cie, 41, rue de la Victoire.

DÉSIGNATION DES OBJETS

BIJOUX

1 — Belle rivière composée de quarante gros brillants allant en chute sur chatons en argent.

2 — Petite broche, rubis entouré de petits brillants, avec pendeloque rubis entourée et chaton en brillant.

3 — Paire de pendants d'oreilles en rubis et brillants.

4 — Collier composé de vingt-quatre rubis, avec entredeux en brillants et roses formant deux bracelets.

5 — Paire de pendants d'oreilles composés chacun d'un brillant, d'une perle poire, de roses et de petits brillants.

6 — Collier composé de vingt perles rondes ou boutons et de sept perles poires. Monture enrichie de brillants et de roses.

7 — Collier de cinquante-huit brillants.

8 — Deux broches camées topaze et saphirine, entourés de vingt-six brillants chacun.

9 — Bracelet en or.

10 — Parure : collier, broche et boucles d'oreilles en topazes.

11 — Broche composée de quatre perles, dont une grosse pendeloque. Monture en or émaillé, avec rubis et roses.

12-13 — Deux broches de corsages : feuillages et pampilles en brillants.

14 — Bracelet en or poli, avec rubis, émeraudes et brillants.

15 — Oiseau en rubis et brillants.

16 — Bijou de corsage : fleurs et oiseaux en brillants, roses, rubis et émeraudes.

17 — Bijou de corsage avec grosse perle rose, nœud de ruban en brillants et roses, ailes de papillons à résille d'or, perles et roses.

18 — Parure en corail sculpté : deux broches, pendants d'oreilles, collier et bracelet.

19 — Bracelet en or repercé, avec montre à remontoir toute pavée de brillants et de rubis.

20 — Bracelet à six chaînes en or, avec applique camée, chien. Monture en or et émail.

21 — Montre en or, dessus émaillé, à sujet; fond gros bleu, entourages en demi-perles. Époque Louis XVI.

22 — Montre en or, fond d'émail bleu, avec ornements en jargons, entourage du cadran en jargons. Époque Louis XVI.

23 — Grande chaîne en or.

24 — Bracelet avec miniature. Monture filigranée d'or.

25 — Bracelet avec agates herborisées. Monture filigranée d'or.

26 — Applique de bracelet en or émaillé bleu, enrichie de brillants, roses, demi-perles et rubis.

27 — Broche double écusson et couronne en argent, perles et turquoise.

28 — Bouche de ceinture en cailloux du Rhin.

29 — Broche en marcassites.

30 — Croix en simili-diamants.

31 — Broche forme couronne, en or, enrichie de perles, rubis et émeraudes.

32 — Broche ovale, camée, tête de Clorinde, monture en or, enrichie de perles et de rubis cabochons.

33 — Bracelet en grenats cabochons. Monture en or.

34 — Bracelet en or avec jade vert, rubis, perles et roses.

35 — Bracelet en or avec médaillon à musique, entouré de demi-perles.

36 — Bracelet large en camées, turquoises et or.

37 — Bracelet gourmette en or, avec miniature : Napoléon Ier, et enrichi de roses.

38 — Broche en or émaillé blanc, avec rubis.

39 — Broche et une boucle, cuivre et or.

40 — Chapelet, une rivière incomplète en stras, trois fragments de bijoux en turquoises, perles et argent doré, cinq boutons entourés de marcassites.

41 — Plaque de bracelet camée, lapis entourage demi-perles.

42 — Paire de boutons d'oreilles, fleurs en brillants.

43 — Montre de dame en or à remontoir avec chaine en or et entredeux en brillants.

44 — Montre de dame à remontoir avec chiffre émaillé, chaine en or.

45 — Bague en or émaillé avec rubis et roses.

46 — Paire de pendants d'oreilles, chute en roses avec brillants solitaires au bout, fond d'or repercé.

47 — Bracelet, trente chatons brillants, deux en roses.

48 — Porte-bonheur, huit brillants et dix saphirs.

49 — Porte-bonheur, onze œils de tigre, brillants et roses.

50 — Agrafe de manteau en argent et émeraudes.

51 — Broche, perle baroque.

52 — Broche camée Mercure, entourage turquoise avec couronne.

53 — Médaille en or : prix Sophie-Germain.

54 — Broche, écussons émaillés. Monture en jargons.

55 — Chaîne en or mat avec clef, cachet et montre enrichies de perles et de roses.

56 — Bracelet en argent, jais et marcassites.

57 — Broche camée, tête de Bacchus. Monture bas or.

58 — Pendentif camée, double tête, entourage en roses.

59 — Collier, broche et paire de pendants d'oreilles en améthystes. Monture dorée.

60 — Bracelet en or, améthystes et perles.

61 — Collier perles fausses, stras et argent.

62 — Revolver, ivoire et doré.

63 — Étui, une paire de ciseaux, un dé, un flacon or et monture en or. Premier Empire.

64 — Trousse en or, écrin ivoire.

65 — Porte-cartes, porte-monnaie en argent.

66 — Carnet de bal en argent émaillé, un cœur en jargons, huit boutons, fausses perles et marcassites.

67 à 69 — Peigne en cuivre doré, médaille, étui, recouvert de papier d'argent, une très petite coupe en argent.

70 — Couteau, manche en nacre et or. Louis XVI.

71 — Paire de pendants d'oreilles, turquoises et or.

72 — Collier en or émaillé, turquoises et roses.

73 — Petite broche en argent doré et turquoises.

74 — Parure en or et écaille.

75 — Petite musique de Genève avec sujet mécanique. Monture en or.

76 — Aigrette en argent doré, grenats et perles.

77 — Bijoux divers.

OBJETS DE VITRINE

78 — Boîte carrée et à pourtour ajouré, portant sur quatre pieds contournés en laque doré du Japon et pailleté d'or, offrant, sur le couvercle, un paysage avec bouquet d'arbres et habitations, sur le bord d'un cours d'eau. Cette boîte renferme deux compartiments superposés, l'un est surmonté d'un plateau décoré de

cerfs dans un site montagneux; l'autre contient un jeu de cinq petites boîtes à motifs de fleurs.

79 — Paire de longs ciseaux en fer damasquiné d'or; étui en velours brodé. Travail persan.

80 — Écritoire japonaise de forme rectangulaire, en bois dur, décorée de chimères rapportées en métal et de motifs de paysage en laque dorée et argentée.

81 — Petite cithare en écaille incrustée de nacre. Chevilles, sillets et chevalet en ivoire.

82 — Boîte figurée par une souris en porcelaine blanche de Saxe, sur terrasse émaillée. Le dessous ou couvercle est peint en couleur et représente des souris; le revers montre un chat tenant une souris en laisse. Monture en vermeil.

83 — Médaillon ovale, en Wedgwood : buste de jeune femme, en bas-relief, réservé en blanc sur fond gris bleu. Entourage en stras monté en argent doré.

84 — Lorgnette en écaille posée et piquée d'or à festons de pampres et encadrements. Travail napolitain.

85 — Petit carrosse attelé de deux chevaux avec cocher et valet de pied, en cuivre.

86 — Boîte ronde en écaille blonde, ornée sur le couvercle d'une miniature sur ivoire : Moine et jeune villageoise. Époque Louis XVI.

87 — Boîte Louis XV, de forme contournée, en écaille de l'Inde, garnie d'une monture en argent et ornée sur le couvercle d'une miniature ovale sur ivoire, signée *Passot* : Portrait de femme.

88 — Miniature rectangulaire, sur ivoire, de l'École anglaise : Portrait d'homme de trois quarts, en habit bleu et cravate blanche.

89 — Bijou-pendentif composé de rinceaux fleuris et d'ornements Renaissance entremêlés de figurines d'enfants en or émaillé, enrichi de pierres de couleurs et de pendeloques en perles.

90 — Montre octogonale en cristal de roche, monture en argent gravé, style Renaissance ; mouvement portant le nom : *Henri Esler.*

91 — Éventail en nacre rehaussée d'or, avec feuille : Couronnement de Flore. Époque Louis XVI.

92 — Éventail ivoire, Louis XVI, feuille à médaillons.

93 — Éventail en ivoire chinois.

ARGENTERIE

94 — Quarante-huit assiettes plates en argent, bords ciselés.

95 — Vingt-quatre assiettes à potage, même modèle.

96 — Quatre raviers forme coquilles élevés sur pieds en vermeil et argent ciselé.

97 — Quatre légumiers en argent avec leurs couvercles, double fond en vermeil.

98 — Grande soupière ovale avec couvercle en argent, double fond en vermeil.

99 — Saladier modèle élégant lobé et à contours en argent gravé, intérieur en vermeil.

100 — Deux saucières avec plateaux en argent, double fond en vermeil.

101 — Quatre salières en argent, bordures ciselées, intérieur vermeil.

102 — Quatre salières bouts de table en argent et vermeil, forme coquilles.

103 — Quarante-huit assiettes à dessert en vermeil.

104 — Douze plats ronds en argent, de diverses dimensions.

105 — Cinq plats ovales en argent.

106 — Vingt-quatre couverts d'entremets en vermeil.

107 — Deux cuillères à sucre en vermeil.

108 — Vingt-quatre couteaux, manches en nacre, lames et monture en argent.

109 — Vingt-quatre autres semblables, lames en acier.

110 — Service à thé et à café en argent ciselé à jetées de fleurs et bouquets sur fond en vermeil, se composant d'une théière, une cafetière, un sucrier, un pot à crème, un bol. Travail de la maison *Odiot*.

111 — Cafetière en argent, manche en bois noir.

— Pince à asperges en argent ciselé à ornements.

113 — Pince à sucre en argent, décor coquilles.

114 — Cuillère à sucre et cuillère à sauce en argent.

115 — Treize cuillères à café en argent.

116 — Quatre pelles à sel en argent, décor à coquilles.

117 — Douze cuillères à café en vermeil, décor à ornements. Style Louis XV.

118 — Saucière en argent, avec plateau ovale élevé sur quatre pieds, forme premier Empire.

119 — Quatre raviers en argent, forme coquilles.

120 — Corbeille à pain en argent russe, intérieur vermeil.

121 — Deux légumiers avec couvercles surmontés de légumes, et double fond en argent.

122 — Quatre assiettes en vieil argent, à bords festonnés.

123 — Six plats ovales en vieil argent, à bords festonnés.

124 — Deux autres ronds, même modèle.

125 — Service à thé et à café, en argent russe, composé d'un grand plateau ovale, une théière, une cafetière, un sucrier, un pot à crème, un bol et une cuillère à sucre.

126 — Brosse à pain en argent.

127 — Tire-bouchons en argent.

128 — Pot à crème en vermeil et argent gravé et ciselé, avec animaux en bas-relief.

129 — Douze fourchettes à huîtres en argent.

130 — Huilier forme Louis XV en argent, avec burettes en verre rehaussé d'or.

131 — Tasse haute et soucoupe en argent, à côtes.

132 — Tasse et soucoupe en vermeil gravé.

133 — Moutardier en verre. Monture en argent.

134 — Soixante couteaux de table, à manches d'argent.

135 — Service d'argenterie, composé de cent six fourchettes et quarante-six cuillères.

136 — Grand plateau en argent gravé.

137 à 140 — Service de table en argent, composé de vingt-neuf fourchettes, dix-sept cuillères, vingt porte-couteaux, quatre cuillères à sel, manche à gigot.

141 — Quatre salières en argent.

142 — Deux ronds de serviettes en argent.

143 — Deux raviers en argent.

144 — Deux cuillères de hors-d'œuvre en argent, manches en ivoire.

145 — Dix dessous de carafe en bois et argent.

146 — Quatre dessous de carafe en plaqué.

147 — Service de table en argent, style Louis XVI, composé de vingt-neuf cuillères à potage et soixante-douze fourchettes.

148 — Sept brochettes en argent.

149 — Deux louches et cinq cuillères à sauce en argent.

150 — Cuillère à sauce en vermeil.

151 — Deux cuillères à sucre en argent.

152 — Passe-thé en argent.

153 — Deux truelles à poisson en argent.

154 — Truelle à pâté en argent.

155 — Douze cuillères à fruits en argent.

156 — Deux figurines en argent : personnages luttant, en costumes Moyen-Age. Sur socles en bois noir.

157 — Paire de flambeaux en argent repoussé et ciselé, décor à cariatides, têtes de béliers et mascarons. Style Renaissance.

158 — Service doré avec manches de Saxe, composé de vingt-quatre couverts, quarante-huit couteaux, deux couteaux à fromage, deux autres à glace, une pince à sucre, sept cuillères à fraises, à sucre et à compote, trente-six cuillères à dessert, vingt-quatre cuillères à café, quatre pinces à bonbons, une cuillère à punch.

159 — Douze cuillères artistiques en argent.

ARGENTURE, PLAQUÉ

160 à 181 — Deux théières, deux réchauds, deux légumiers et leurs couvercles, une corbeille à pain, un chauffe-plat, deux seaux à glace, une ménagère, un panier à pain, un plateau rectangulaire, quatre réchauds ronds, trois ovales, un dessous de carafe, un service à œufs, quatre cloches de réchauds rondes et une ovale, une casserole, une mouchette et son plateau, un pot à eau, une soupière et son couvercle, un plateau et son couvercle, un sucrier, deux pots à crème, six flambeaux.

DENTELLES

182 — *Vieux Venise.* Dessin des plus délicats, à fleurs et entrelacs, partie en relief. Très beau volant. — Haut., 38 cent.; long., 3 m. 95 cent.

183 — *Vieux Venise*. Dessin des plus fins, point à reliefs dit à la rose, branchages, rosaces et fleurs, fond quadrillé. — Haut., 8 cent.; long., 2 m. 90 cent.

184 — *Vieux Venise*. Barbe en point à la rose. Charmant dessin à fleurs, ornements et entrelacs. — Haut., 9 cent.; long., 1 m. 34 cent.

185 — *Vieux Venise*. Volant, dessin à entrelacs avec fleurs en relief, point à la rose. — Haut., 12 cent.; long., 10 m. 40 cent.

186 — *Vieux Venise*. Volant, dessin à entrelacs et fleurs, partie en relief, point à la rose. — Haut., 8 cent.; long., 4 m. 85 cent.

187 — *Vieux Venise*. Dessin à la coquille et entrelacs, parties en relief. — Haut., 8 cent.; long., 1 m. 7 cent.

188 — *Vieux Venise.* Barbe, dessin très fin, point à la rose, limaçons, fleurs et entrelacs. — Haut., 10 cent.; long., 1 m. 40 cent.

505 —

189 — *Vieux Venise.* Berthe, dessin à entrelacs et fleurs. — Haut., 30 cent.

190 — *Vieux Venise.* Mouchoir avec bordure à dessin entrelacs, fleurs et ornements, partie en relief. — Haut., 7 cent.; long., 1 m. 60 cent.

220 —

191 — *Vieux Venise.* Trois morceaux ; dessin varié, partie en relief. — Deux pièces. Haut., 8 cent.; longueur ensemble, 1 m. 38 cent. Une pièce. Haut. 5 cent. ; long., 95 cent.

192 — *Malines.* Dessin à bouquets de fleurs. Deux morceaux. — Haut., 7 cent.; long., 2 m. 60 cent.

193 — *Malines.* Dessin à fleurettes et lam-

brequins. Un morceau. — Haut., 7 cent.; long., 90 cent.

194 — *Malines*. Dessin fond pointillé, bordure à fleurs et ornements. — Haut., 8 cent.; long., 6 m. 50 cent.

195 — *Malines*. Volant, fond à fleurs, bordure à fleurs et guirlandes. — Haut., 17 cent.; long., 4 m. 20 cent.

196 — *Alençon*. Dessin, gerbes de fleurs et feuillages. — Haut., 6 cent.; long., 2 m. 7 cent.

197 — *Alençon*. Dessin, fond à fleurs et pointillé, bords à guirlandes. — Haut., 6 cent.; long., 1 m. 43 cent.

198 — *Alençon*. Dessin à pois en lambrequins : barbe. — Haut., 5 cent.; larg., 75 cent.

199 — *Alençon*. Dessin à pois, fleurs et

guirlandes. — Haut., 5 cent.; long., 1 m. 18 cent.

200 — *Alençon.* Dessin à fleurs détachées, bords à guirlandes. — Haut., 7 cent.; larg., 1 m. 10 cent.

201 — *Alençon.* Col fond à pois, bordure fougères. — Haut., 8 cent.; larg., 67 cent.

202 — *Alençon.* Fond à fleurettes, bords à guirlandes. — Haut., 6 cent.; larg., 1 m. 84 cent.

203 — *Alençon.* Deux quilles, dessin à guirlandes. — Haut., 20 cent.; long., 6 mètres.

204 — *Alençon.* Barbe, fond à fleurs. — Haut., 10 cent.; long., 1 m. 40 cent.

205 — *Alençon.* Dessin à guirlandes avec fleurs en relief. — Haut., 5 cent.; long., 1 m. 72 cent.

206 — *Alençon*. Dessin, fond à fleurs, bordure à guirlandes. — Haut., 5 cent.; long., 2 m. 25 cent.

207 — *Alençon*. Dessin à guirlandes et jetées de fleurs. — Haut., 8 cent.; long., 1 m. 12 cent.

208 — *Angleterre*. Barbe en deux morceaux. — Haut., 10 cent., long., 1 m. 10 cent.

209 — *Angleterre*. Barbe, riche dessin. — Haut., 10 cent.; long., 1 m. 70 cent.

210 — *Angleterre*. Volant, riche dessin. — Haut., 12 cent.; long., 2 m. 50 cent.

211 — *Angleterre*. Volant, dessin riche. — Haut., 11 cent.; long., 3 m. 20 cent.

212 — *Angleterre*. Joli dessin. — Haut., 6 cent.; long., 1 m. 20 cent.

213 — *Angleterre.* Barbe, riche dessin. — Haut., 11 cent.; long., 1 m. 17 cent.

214 — *Angleterre.* Barbe, joli dessin. — Haut., 10 cent.; long., 1 m. 20 cent.

215 — *Angleterre.* Barbe en deux morceaux. Haut., 10 cent.; long., 98 cent.

216 — *Angleterre.* Large barbe, riche dessin. — Haut., 28 cent.; long., 1 m. 40 cent.

217 — *Angleterre.* Volant dentelé. — Haut., 12 cent.; long., 5 m. 35 cent.

218 — *Angleterre.* Joli dessin à feuillages et festons. — Haut., 8 cent.; long., 1 m. 57 cent.

219 — *Valenciennes.* Volant, dessin à fleurs et dentelé. — Haut., 15 cent.; long., 9 m. 95 cent.

220 — *Dentelles blanches*. Environ vingt coupes de points et applications diverses.

221 — Grand couvre-lit composé de carrés d'anciennes guipures, de broderies sur filets et de broderies sur toile ajourées, du XVIIe siècle. — Long., 2 m. 50 cent.; larg.; 1 m. 85 cent.

222 — Dentelles noires de Chantilly et imitation. (Sera divisé.)

TAPISSERIES

223 — Sept beaux morceaux de tapisserie de Beauvais pour sièges : scènes pastorales, d'après *Fr. Boucher*. L'un d'eux porte la signature de l'artiste.

224 — Feuille d'écran en tapisserie de Beauvais du XVIIIe siècle : vache, moutons et chèvre à l'abreuvoir.

225 — Petit carré en tapisserie italienne du XVIe siècle, à figures mythologiques et bordure.

226 — Quatre pièces : dossiers et dessus de chaises de Beauvais ou Aubusson très fin, médaillons ovales à bouquets de fleurs, draperies, glands et feuillages. Époque Louis XVI.

227 — Panneau pour écran en tapisserie d'Aubusson Louis XVI, médaillon à enfants en grisaille suspendu à une draperie bleue avec jetée de fleurs de chaque côté, fond crème, contre-fond moderne rouge brique.

228 — Panneau pour écran en tapisserie très fine d'Aubusson Louis XVI, dessin à trophée suspendu à une guirlande de fleurs et à un feston de ruban surmonté d'un éventail en plumes de paons.

229 — Médaillon et deux fragments de mé-

daillons d'Aubusson, à la petite bergère de Huet, fond vert. Époque Louis XVI.

230 — Dessus de siège de Beauvais Louis XV, médaillon volatiles, encadrement à fleurs, contre-fond rouge grenat.

231 — Dossier de canapé d'Aubusson Louis XVI, représentant une chasse au sanglier, encadré de feuillages et draperies, fond vert pâle.

232 — Dessus de canapé d'Aubusson Louis XVI, volatiles dans un paysage.

233 — Quatre côtés pour quatre bergères Aubusson Louis XVI, fond crème à guirlandes, contre-fond mauve.

234 — Dessus et dossier de bergère d'Aubusson Louis XVI, fond crème quadrillé, médaillon à amours.

235 — Seize pièces : dossiers et dessus de

sièges d'Aubusson à cordelières et glands encadrant des médaillons à bouquets de fleurs style Louis XVI, contre-fond rose.

236 — Quatorze pièces en ancienne tapisserie à fleurs Louis XIV.

237 — Dix-huit pièces d'Aubusson Louis XVI, fond crème à guirlandes de fleurs et bouquets, dessus, dossiers et manchettes.

238 — Quatre pièces tapisserie de soie au point fond jaune, médaillons fond blanc, à bouquets. Louis XVI.

239 — Lambrequin à draperies et guirlandes de fleurs, Aubusson Louis XVI, parties restaurées.

240 — Quatorze pièces pour ameublement de salon en tapisserie Louis XVI, dessin à vase de fleurs et rinceaux sur fond crème, contre-fond rouge, composé d'un canapé et six fauteuils.

241 — Très jolie garniture de canapé, dossier et dessus en tapisserie d'Aubusson, époque Louis XVI, représentant de gracieuses compositions à petits personnages d'après Huet, encadrements à rinceaux et draperies rouges frangées de jaune et enguirlandées de fleurs.

242 — Dossier de canapé à rinceaux et quatre morceaux pour dessus de sièges de Beauvais Louis XVI à trophées.

243 — Trois pièces : dessus et dossier de sièges en Aubusson Louis XVI, médaillons dessinés par des bouquets de fleurs et des festons de rubans, plus un entourage découpé.

244 — Dossier de canapé et dix pièces pour dossiers et dessus de fauteuils en Beauvais Louis XVI, médaillons à trophées et fleurs encadrés de rinceaux et de guirlandes, contre fond vert pâle.

245 — Beaux dossier et dessus de grand canapé en tapisserie d'Aubusson, époque Louis XVI, dessin à médaillons et cartels volatiles dans des paysages encadrés d'ornements, d'enroulements et de rocailles, avec guirlandes et jetées de fleurs; fond rouge et certaines parties refaites.

246 — Dossier de canapé en tapisserie de Beauvais du temps de Louis XV, médaillons à oiseaux dans un paysage, encadrements à ornements et enroulements avec fleurs, fond crème.

247 — Dessus de canapé en tapisserie de Beauvais du temps de Louis XV, médaillon à coq, poussins et canards dans un paysage. Dossier, médaillon moutons et brebis. Encadrements à rinceaux et guirlandes de fleurs, fond crème.

248 — Deux dessus de sièges en tapisserie et d'Aubusson époque Louis XV, dessin

médaillons à animaux; sujets allégoriques aux fables de La Fontaine, encadrements à coquilles, rocailles et fleurs, fond marron.

249 — Quatre pièces : dessus et dossiers de chaises en tapisserie d'Aubusson, époque Louis XV, médaillons à sujets allégoriques aux fables de La Fontaine, encadrements à fleurs, ornements et coquilles, fond brun.

250 — Quatre pièces : dessus de sièges et dossier en tapisserie d'Aubusson, médaillons à sujets fables de La Fontaine, encadrés de fleurs et de rinceaux, fond rouge. Époque Louis XV. Parties restaurées.

251 — Dessus de siège et dossier en tapisserie d'Aubusson, époque Louis XV, médaillons à animaux, encadrés d'ornements et de fleurs.

252 — Deux dessus et deux dossiers de sièges en tapisserie d'Aubusson, époque Louis XV, grands médaillons à animaux, volatiles et paysages entourés de guirlandes de fleurs.

253 — Dessus de siège en tapisserie d'Aubusson, cartel à animaux dans un parc encadré d'ornements rocailles et jetées de fleurs, fond marron. Époque Louis XV. (A été restauré.)

254 — Dessus de siège en tapisserie de Beauvais du temps de Louis XV, représentant le Cerf et les raisins, entouré de fleurs et d'ornements.

255 — Deux dessus de sièges en tapisserie de Beauvais, sujets : les Deux Pigeons, dans des médaillons encadrés d'ornements et de fleurs. Époque Louis XV.

256 — Dix jolies pièces : dessus et dossiers de sièges en tapisserie de Beauvais, mé-

daillons à scènes allégoriques aux fables de La Fontaine, encadrés d'ornements, coquilles, fleurs et volutes, fond brun. Époque Régence.

257 — Deux pièces : dessus et dossier de sièges en tapisserie de Beauvais, médaillons à scènes des fables de La Fontaine, encadrés de rinceaux et de fleurs. Époque Louis XV.

258 — Deux fragments de cantonnières en tapisserie de Beauvais, époque Louis XVI, dessin à thyrses, fleurs et ornements, fond crème.

259 — Dossier de canapé en tapisserie de Beauvais, dessin à animaux. Époque Louis XV.

260 — Deux dessus de sièges à animaux, en tapisserie d'Aubusson. Époque Louis XV.

261 — Six pièces : dossiers et dessus de sièges, en ancienne tapisserie d'Aubusson, à médaillons animaux et volatiles, encadrements et ornements à fleurs, dispositions diverses. Époque Louis XV.

262 — Bordure d'écran en vieux Beauvais à ornements et fleurs.

263 — Dessus de siège en tapisserie d'Aubusson : le Renard et la Cigogne, dans un cartel fond de paysage, entouré de fleurs et d'ornements. Époque Louis XV.

264 — Dossier de canapé en tapisserie de Beauvais, représentant des scènes d'enfants, petits bergers et bergères dansant et gardant leurs troupeaux, médaillon encadré d'ornements et de fleurs, époque Louis XV, fond rouge, refait ainsi que certaines parties du sujet.

265 — Bel écran en tapisserie d'Aubusson,

représentant deux vestales alimentant le feu d'un autel. Époque Louis XVI.

266 — Onze pièces : dessus et dossiers de sièges en tapisserie d'Aubusson, époque Louis XV, représentant dans des médaillons des allégories aux fables de la Fontaine, encadrés de fleurs et de rinceaux.

267 — Encadrement d'écran en tapisserie d'Aubusson, époque Louis XVI, à draperies et fleurs.

268 — Deux fragments de cantonnières en ancienne tapisserie de Beauvais.

269 — Médaillons à fleurs encadrés d'ornements.

270 — Trois dessus de sièges en ancienne tapisserie d'Aubusson : oiseaux dans des paysages, encadrements à fleurs et festons sur fond bleu.

271 — Dix pièces : dossiers et dessus de fauteuils avec bras en ancienne tapisserie, fond rouge au petit point, médaillons à fleurs. Louis XVI.

272 — Bande de tapisserie, fond jaune d'ocre, à feuillages verts, simulant un encadrement. Époque Louis XVI. — Long., 11 m. 50 cent.

273 — Sept morceaux de bandes d'ancienne tapisserie, dessins divers.

274 — Panneau pour écran, tapisserie d'Aubusson, bouquet de fruits et de fleurs, sur fond rouge.

275 — Trente-quatre pièces pour ameublement de salon en tapisserie au point, avec médaillons au petit point, à personnages Louis XIV.

276 — Vingt-cinq pièces : dossiers, dessus

de sièges, côtés, médaillons en ancienne tapisserie Louis XV et Louis XVI, à sujets, figures, animaux, fleurs, etc., dessins variés.

277 — Cent vingt-quatre bras ou manchettes en tapisseries diverses Louis XV, Louis XVI et premier Empire.

278 — Vingt-quatre morceaux de tapisseries anciennes, dessins variés pour ameublement.

279 — Cinq petits panneaux de tapisserie moderne pour dessus de glaces, de forme chantournée et représentant des amours dans le style de Boucher.

280 — Sept morceaux de bandes, tapisserie de Beauvais, fond vert clair, dessin : chaine de laurier et fleurs. Louis XVI.

281 — Lots divers de tapisseries et fragments.

282 — Fragment de bordure en ancienne tapisserie à figures d'enfants et rinceaux.

283 — Onze morceaux de moquettes, fond noir à fleurs et corbeilles.

284 — Quatre écussons en moquette de la Savonnerie, en polychrome, sur fond marron.

285 — Deux écussons ovales de la Savonnerie, trophées avec encadrements à ornements en jaune, sur fond vert.

286 — Deux panneaux de la Savonnerie, dessin à ornements, cygnes et rosaces. — Long., 2 m. 15 cent.; larg., 78 cent.

287 — Bande de Savonnerie, fond jaune, à guirlande de fleurs. — Long., 19 m. 50 cent.

288 — Divers fragments de tapisseries anciennes.

ÉTOFFES, BRODERIES

289 — Panneau en largeur, en broderie au passé de soies et de laines multicolores, à personnages dans un paysage planté de fleurs et d'arbres de toutes sortes et où se meuvent une multitude d'animaux. Daté 1660. — Haut., 1 m. 45 cent.; larg., 2 m. 85 cent.

290 — Tableau en broderie de soie sur toile : l'Adoration des bergers ; la Vierge et saint Joseph sont assis dans l'étable auprès de la crèche dans laquelle est couché l'Enfant Jésus que l'âne et le bœuf réchauffent de leur souffle; trois bergers viennent adorer le Sauveur. Au fond, on aperçoit l'Annonciation aux bergers et dans le ciel Dieu le Père, dans une gloire d'anges. Italie. xve siècle. — Haut., 31 cent.; larg., 47 cent.

291 — Tableau brodé en soie sur toile : l'A-

doration des rois mages ; la Vierge assise sous un portique, accompagnée d'un ange et de saint Joseph, présente son fils à l'un des Mages qui, à genoux, baise les pieds du Sauveur. Plus loin, les deux autres Mages et trois personnages de leur suite. Italie. xve siècle. — Haut., 30 cent.; larg., 48 cent.

292 — Tableau en broderie de soie sur toile : le Massacre des Innocents. Hérode, du haut de son tribunal, préside au massacre ; un soldat arrache un enfant à sa mère en le saisissant par le pied, tandis que d'autres mères tentent de fuir ou pleurent sur leurs enfants qui gisent égorgés sur le sol. Italie. xve siècle. — Haut., 31 cent.; larg., 47 cent.

293 — Tableau brodé en soie sur toile : l'Entrée du Christ à Jérusalem ; le Christ monté sur un âne, suivi des apôtres, bénit le peuple qui sort de Jérusalem et qui vient à sa rencontre. Deux person-

nages étendent leurs manteaux sous les les pieds de sa monture. Au fond, les murailles de Jérusalem et Zachée monté sur un arbre. Italie. xve siècle. — Haut., 30 cent.; larg., 48 cent.

294 — Tapis de table en broderie de laine, sur toile au fil couché, représentant un château, des scènes de chasse et des scènes rustiques, un bal et un banquet; les nombreux personnages brodés sur cette pièce portent le costume de la fin du xvie siècle. — Larg., 1 m. 42 cent.

295 — Trois bandes de velours rouge, décorées de broderies d'or et d'argent, représentant des rinceaux et des bâtons écotés. xvie siècle. — Long., 5 m. 40 cent.

296 — Lambrequin dentelé en broderie très fine sur soie blanche, appliquée sur soie bleu de ciel. — Long., 1 m. 30 cent.

297 — Lambrequin en broderie très fine de la Renaissance, représentant l'histoire d'Esther et d'Assuérus. Quantité de petits personnages sous une arcature avec fond de paysage; il est bordé sur trois côtés d'une frange verte. — Haut., 30 cent.; larg., 1 m. 70 cent.

298 — Bande en deux morceaux de broderie de fils sur tulle brun, figures et ornements entremêlés de l'initiale H.

299 — Deux petits carrés en broderies de soies sur satin noir : les Saisons et les Éléments.

300 — Deux pièces : croix de chasuble en broderie de soies de couleurs et de fils d'argent, offrant, en six tableaux, des sujets tirés de l'histoire de la Vierge. Travail de la Renaissance. Une autre bande à trois sujets provenant de la même chasuble.

301 — Trois bandes de soie prune à festons et bordures en broderie de chenille et au point de chaînette. Trois coupes mesurant ensemble 11 mètres.

302 — Garniture d'un meuble de salon; deux rectangles pour un canapé et vingt-deux carrés pour fauteuils, en satin jaune avec applications de velours et broderies de couleurs.

303 — Jupe Louis XVI, en trois morceaux, soie blanche brodée de bouquets et de festons.

304 — Deux médaillons ovales pour sièges : vases de fleurs encadrés d'un lambrequin, broderie au point de chaînette en soies de couleurs sur satin blanc.

305 — Grand panneau ou couvre-lit de satin crème couvert de broderies très délicates au point de chaînette : bouquets et

festons de fleurs, rubans, cordelières et ornements Louis XVI.

Ce panneau se compose de quatre lés juxtaposés. — Haut., 2 m. 55 cent., larg., 2 m. 10 cent.

306 — Beau bandeau en broderie d'or, d'argent et de soies multicolores au passé, représentant une colonnade à trois arcades, laissant voir une fontaine, un palais et un paysage. XVIIe siècle. — Haut., 95 cent.; larg., 2 m. 50 cent.

307 — Tableau en broderie de soies au passé : Guillaume Tell abattant la pomme sur la tête de son fils.

308 — Petit tableau rectangulaire exécuté en broderie au passé, et représentant un jeune homme vêtu à l'antique, assis à l'entrée d'un village. — Haut., 17 cent.; larg., 23 cent.

309 — Deux petits tableaux de forme ovale,

en pendants, exécutés en broderie de soies au passé, et représentant des jeunes femmes avec des enfants.

310 — Deux tableaux rectangulaires en broderie de chenille, l'un représentant l'Amour debout, devant son autel qui porte l'inscription : *La mort ne les séparera pas ;* l'autre caractérisant la Fidélité sous les traits d'une jeune fille dressant un bouquet sous un saule pleureur.

311 — Tableau en broderie au passé : Portrait d'enfant en saint Jean-Baptiste, tenant la croix de roseau. XVIIe siècle.

312 — Panneau de tenture en satin de Chine blanc rosé, décoré de vases, de festons et d'oiseaux en broderie de soies de couleurs.

313 — Casaque de soie blanche ornée de festons fleuris en broderie de couleurs.

314 — Bandeau de soie jaune brodé en soies de couleurs ; lambrequin, perspective de parcs, oiseaux. Époque de la Régence.

315 — Plusieurs lots de broderies Louis XVI sur soie.

316 — Jupe de satin saumoné à bouquets, festons et rubans brodés en chenille et au point de chaînette. Époque Louis XVI.

317 — Couvre-pied en dauphine, à festons de fleurs, en broderie de soies multicolores.

318 — Morceau de soie, à festons brodés.

319 — Voile de calice en broderie au petit point, en soies de couleurs sur fond d'or, à figures religieuses et entrelacs. Travail de la Renaissance. Il est bordé d'une dentelle d'argent.

320 — Bandeau de lampas Louis XIV, à large dessin broché blanc et jaune d'or sur fond vert. Double galon métallique.

321 — Tapis de table à fleurs brochées jaune d'or sur champ gris d'argent, galon d'entourage en argent doré et franges métalliques.

322 — Tapis en brocart d'or du XVIIe siècle, à dessin de tourelles parsemées entre des festons de feuillages. Il est bordé d'une frange dorée et garni aux coins de glands assortis.

323 — Belle robe de mandarin en satin bleu pâle, richement brodée aux dragons d'or dans les nuages et sur les flots de la mer.

324 — Belle robe de mandarin en satin jaune impérial richement brodé de dragons en perles, de chauves-souris, fleurs et ornements en soie de toutes nuances.

325 — Lot de morceaux pour sièges, en ancien velours, à dessin marron sur champ vieil or.

326 — Lot de morceaux en damas cerise.

327 — Plusieurs lots d'anciennes soieries.

328 — Lot de franges anciennes.

329 — Lambrequin en velours rouge avec applications d'ancienne broderie à guirlandes de fleurs.

330 — Huit rideaux en toile écrue brochée à fleurs, en laine polychrome. — Haut., 3 m. 20 cent.

331 — Quatorze morceaux pour garnitures de sièges, en même étoffe.

332 — Quatre rideaux en moire crème.

TAPIS

333 — Grand tapis de Perse couvrant le salon Louis XVI, fond crème à dessin polychrome, bordure fond rouge. — Long., 7 m. 35 cent.; larg., 6 mètres.

334-335 — Deux chemins tapis d'Orien , dessin par bandes à ornements. — Long., 5 mètres; larg., 92 cent.

336 — Tapis d'Orient couvrant le salon Louis XIV, dessin à fleurs et palmes en polychrome sur fond noir. Bordure multicolore. — Long., 6 m. 10 cent.; larg., 4 m. 60 cent.

337 — Tapis chemin d'Orient, fond clair à médaillons fond havane, dessin polychrome. — Long., 4 m. 85 cent.; larg., 1 mètre.

338 — Tapis de Perse fond rouge à entre-

lacs et médaillons fond noir à fleurs et feuillages. Bordure partie fond blanc, partie fond rouge et noir à arabesques polychromes couvrant la salle à manger. — Long., 6 m. 10 cent.; larg., 4 m. 10 cent.

339 à 341 — Trois carpettes orientales de diverses grandeurs.

342 — Grand tapis chemin en moquette, dessin oriental.

FOURRURES

343 — Couverture de voiture en fourrure claire, bordure castor. — Long., 1 m. 80 cent.; larg., 1 m. 20 cent.

344 — Couverture de voiture en peaux de chats sauvages avec queues. — Long., 1 m. 35 cent.; larg., 1 m. 25 cent.

SCULPTURES

345 — Marbre blanc. L'Enfant à la cage et l'Enfant à l'oiseau, deux statuettes d'après Pigalle. — Haut., 48 cent.

346 — Marbre blanc. Enfants aux raisins, deux statuettes inspirées du xviiie siècle. — Haut., 44 cent.

347 — Marbre blanc. Deux amours luttant, groupe sur socle en marbre rose avec moulures en marbre blanc. Style Louis XIV. — Haut., 57 cent.

348 — Marbre blanc. Baigneuse, statuette d'après Falconet. Travail moderne. — Haut., 70 cent.

349 — Quatre socles en marbre ornés de bronzes dorés. Style Louis XVI. — Haut., 12 cent.

VERRERIE

350 — Beau service de table en verrerie ancienne, décor à rehauts d'or, composé de six carafes à eau, six autres à vin, deux aiguières à vins fins, quatre carafes à liqueurs et deux autres petites carafes, trois coupes rondes, quatre coupes oblongues, deux autres octogones, deux rondes sur piédouches, douze plats ronds, deux oblongs, vingt-six grands verres, trente et un verres à bordeaux, douze verres à champagne, vingt-quatre verres à madère, neuf verres à sorbets, dix-neuf flûtes à champagne, quatorze verres à liqueurs.

351 — Diverses pièces de verrerie ancienne et rehaussées d'or, telles que beurrier, verres de différentes formes, flacons, etc.

MEUBLES, OBJETS D'ART

352 — Écran en marqueterie de bois hollandaise avec panneau en ancienne tapisserie d'Aubusson, à bouquets de fleurs. — Haut., 1 m. 35 cent.

353 — Fauteuil Louis XVI, couvert en tapisserie de l'époque.

210

354-355 — Deux petites suspensions en cuivre, portées l'une par un amour, et l'autre par un génie en bois sculpté. — Haut., 40 cent.

356 — Deux jardinières en porcelaine de Sèvres, blanc et or. — Haut., 17 cent.

357 — Service en ancienne porcelaine de Paris, époque premier Empire, composé de six tasses avec soucoupes, un sucrier, un pot à crème, une cafetière et un bol; décor mauve à rehauts d'or.

358 — Paire de flambeaux en ancienne porcelaine d'Allemagne, forme arbre.

359 — Paire de vases à panses ovoïdes en porphyre oriental; monture en bronze. Socles en marbre.

360 — Bois doré de petit fauteuil, forme Louis XV.

361 — Bois doré de fauteuil, forme Louis XVI.

362 — Tabouret Louis XVI, bois rechampi de blanc, rehaussé d'or.

363 — Divers bois de fauteuils, de chaises, de style du XVIIIe siècle.

364 — Sous ce numéro seront vendus tous les objets d'art, tapisseries, étoffes, meubles n'ayant pas été mis aux enchères

dans la première vente et ayant été désignés dans le Catalogue.

365 — Objets divers.

TABLEAUX, DESSINS, GRAVURES

366 — École française. Corbeilles de fleurs. Deux peintures ovales.

367 — École italienne. La Nativité. Dessin.

368 — École italienne. Assomption. Composition allégorique. Dessin.

369 — École française. Animaux au pâturage. Rue de ville, animée de figures et d'animaux. Deux pendants. Dessin et aquarelle.

370 — École française. Portrait de femme assise.

6 rideaux satin rouge f 205 —
4 bois de fauteuil style Louis XVI 235 —

371 — École française. Paysage avec figures et animaux. Aquarelle.

372 — Écoles diverses. Dix-sept dessins, aquarelles, gravures.

373 — École flamande. L'Éleveur de cochons.

374 — École française. Cheval et Chien.

375 — École moderne. La Mare, sous bois.

376 — École française. Paysages. Deux pendants sous verre.

377 — Tableaux, dessins, photographies non catalogués.

[illegible]	415 —
un grand tableau	620 —
[illegible]	975 —
2 portières Verdures	545 —
[illegible]	600 —
une grande glace	255 —
	270 —
une glace	635 —
portières tapisserie	

www.ingramcontent.com/pod-product-compliance
Ingram Content Group UK Ltd.
Pitfield, Milton Keynes, MK11 3LW, UK
UKHW022125170726
13837UKWH00003B/1363